Cour des Pairs.

AFFAIRE DU MOIS D'AVRIL 1834.

(CATÉGORIE LYONNAISE.)

MEMOIRE JUSTIFICATIF

PRÉSENTÉ A LA COUR

PAR L'ACCUSÉ

RIVIERE CADET,

DE LONS-LE-SAULNIER,

Imprimeur sur Etoffes.

PARIS,

IMPRIMERIE DE BOURGOGNE ET MARTINET,

RUE DU COLOMBIER, 30.

—

1835.

COUR DES PAIRS.

MÉMOIRE JUSTIFICATIF

A LA COUR,

DE L'ACCUSÉ **RIVIERE CADET**, DE LONS-LE-SAUNIER,

Imprimeur sur Etoffes.

MESSIEURS LES PAIRS,

Accusé d'avoir provoqué par des écrits les tristes évènemens d'avril, j'avais pris deux fois envers la Cour, en m'adressant à M. le baron Pasquier, son président, l'engagement de venir en temps opportun me confier à sa haute et loyale justice. Cette promesse, Messieurs les Pairs, des circonstances que je n'avais pu prévoir sont venues m'empêcher de la tenir; aujourd'hui il est de mon devoir et de mon honneur, comme de mon intérêt, de vous en faire connaître les motifs. J'aurai aussi à vous soumettre quelques explications justificatives des charges élevées contre moi par les magistrats délégués à Lyon pour l'instruction du procès relatif à ces évènemens. Peu exercé dans l'art d'écrire, j'espère, Messieurs les Pairs, que vous voudrez bien m'accorder votre indulgente attention.

PREMIÈRE PARTIE.

I.

Arrivé à Paris le 4 mai 1835 pour me constituer prisonnier et entrer au procès, je me présentai vainement dans la matinée du 5 au palais de la Cour d'abord, puis à la Préfecture de police, et ensuite au greffe de la prison du Luxembourg, où j'attendis pendant environ une heure et demie sans parvenir à me faire écrouer. M. Sajou était retenu ailleurs par les devoirs de sa charge, il ne put venir, et je quittai la prison dans l'espérance de pouvoir enfin m'y faire admettre après l'audience de la Cour, en me présentant, d'après le conseil du directeur de la prison lui-même, au domicile de l'huissier chargé des écrous: mais les résultats de la première audience me déterminèrent subitement à m'abstenir, je ne me présentai pas : voici, Messieurs, quels furent alors mes motifs :

Dès le premier jour, les débats prirent une physionomie nette et tranchée : c'était une lutte politique qui venait de s'engager entre la Cour et mes co-accusés. Or, moi, Messieurs les Pairs, j'avais fait librement cent vingt lieues pour venir chercher des juges, et non pour entrer, soldat, dans une arène de partis, car j'étais venu seul de mon opinion parmi les accusés d'avril, et, sans foi depuis deux ans, comme je l'établirai clairement dans l'exposé de mes principes, aux théories politiques que je persiste à regarder comme incompétentes dans le grand travail de rénovation sociale et humanitaire que les siècles qui s'achèvent lèguent aux siècles qui viennent après eux. J'étais venu pour me défendre, quelque restreintes que fussent les limites accordées à la défense, non dans la pensée de m'assurer ainsi la faveur de mes juges; non que je voulusse, ce qui ne saurait m'appartenir, blâmer en aucune façon le système qui pouvait être adopté par mes co-accusés pour leur défense; mais bien parce que nulle autre justice ne m'étant offerte, c'était pour moi une nécessité de position; d'ailleurs, en me soumettant à cette nécessité, j'étais plein de confiance en votre justice, Messieurs les Pairs, et je me rappelais les paroles prononcées en votre nom par votre président, dans une circonstance solennelle peu éloignée (1).

Mais j'avais partagé quelque temps la croyance politique que mes co-accusés sont venus professer devant vous; comme eux et avec plusieurs

_____
(1) 1ᵉʳ janvier 1835, Discours au Roi.

d'entre eux j'avais, à une époque dont je parlerai bientôt, travaillé dans l'intérêt des principes républicains ; et si aujourd'hui, Messieurs les Pairs, je n'étais accusé comme eux, s'il ne m'avait pas été assigné une place dans ce procès, triste retentissement d'événemens douloureux et déplorables comme toutes les guerres civiles, je serais venu devant vous, je serais venu dire mon étonnement de les voir tous, et en particulier mes amis Lagrange, Martin, Albert et Beaune, traduits en coupables devant votre justice : car, je dois le dire, parce que cela est vrai, bien que nous ne fussions plus apôtres d'une même croyance, ils niaient comme moi l'opportunité d'une guerre civile, et ils voulaient attendre de l'éducation politique du pays les améliorations qu'ils croient devoir découler de leurs principes.

Quelque brèves que soient les considérations toutes particulières que je viens de vous soumettre, Messieurs les Pairs, elles vous auront convaincus que l'ajournement de ma promesse était commandé par ma position, par celle de mes co-accusés, par un sentiment de loyauté que vous saurez comprendre ; elles suffiront, je l'espère, à écarter de vos esprits, contre moi, toute prévention fâcheuse à cet égard.

Plus tard, en observant la marche du procès, je crus reconnaître que la Cour des Pairs était dans l'intention de statuer d'abord sur les accusés Lyonnais dans la session présente. — On touchait à la fin de l'interrogatoire des accusés et de l'audition des témoins : — je résolus alors, si cela pouvait encore se faire, de me constituer prisonnier pour être jugé à la suite, avant que les plaidoieries ne fussent commencées. J'avais eu des raisons de croire qu'il pouvait en être ainsi, mais des renseignemens qui m'ont été donnés ensuite, et de la sûreté desquels il ne m'était pas permis de douter par leur source même, m'ont fait renoncer à cette détermination et conseillé la voie que je suis aujourd'hui. C'était, Messieurs, le seul moyen qui me restât pour combattre dans vos esprits les dispositions qu'ont pu faire naître en vous mon absence au procès, ainsi que les termes de l'accusation qui m'est particulière.

Avant d'examiner cette accusation aux formes étrangement soupçonneuses et arbitraires, qui, je le pense, doit être considérée comme étant l'œuvre de l'époque à laquelle elle se rapporte, je vais, Messieurs les Pairs, mettre rapidement sous vos yeux l'historique de mes opinions et des modifications que l'intelligence et l'expérience des faits leur ont fait subir. Cet historique est d'autant plus nécessaire à ma défense, que l'accusation a rappelé à la Cour, comme présomption aggravante et probante de ma culpabilité en avril 1834, que j'avais été, en mai de l'année précédente, trésorier du banquet Garnier-Pagès, et que l'accusation tout entière n'a pas d'autre motif suffisant, comme j'aurai l'honneur de le démontrer clairement à la Cour, qu'une erreur de date sur la nature de mes opinions.

II.

La révolution de juillet m'avait trouvé ignorant et peu soucieux de la politique; mais, comme tous les hommes jeunes et ardens, je fus entraîné dans le mouvement que détermina cette grande commotion, et bientôt après je devins républicain. Pendant tout le cours de l'année 1832 je fis partie des diverses associations républicaines; mais avec cette année se termina ma vie politique. Je me retirai dès cette époque de toutes les sociétés auxquelles j'avais appartenu, et je donnai dès-lors ma foi tout entière à une doctrine qui non seulement est étrangère à la politique, mais qui, bien plus, répudie son action dans les réformes que la société réclame.

C'est que les trois grandes crises que je venais de voir s'accomplir, — Juillet, Novembre et Juin, — avaient eu des résultats qu'il m'appartenait de bien apprécier, placé que j'étais dans un grand centre industriel, et étant moi-même à la tête d'une industrie occupant environ une centaine d'ouvriers.

La révolution de juillet, accueillie avec enthousiasme par l'immense majorité de la société française, avait eu, pour épargner une extrême détresse au pays et aux classes ouvrières surtout, l'heureux secours des commandes considérables nécessitées par l'équipement et l'armement d'une nouvelle garde nationale. Ces commandes avaient pris, pour les jours critiques, la place des élémens ordinaires de travail et de prospérité.

Mais novembre et juin avaient eu pour seul cortége l'effroi et la stupeur; les travaux industriels et les transactions commerciales eurent alors beaucoup à souffrir, et la sécurité n'était point encore revenue lorsque les évènemens d'avril éclatèrent.

La réflexion et l'expérience précise de ces faits m'avaient donc amené à pressentir tous les maux qui pourraient naître, si on s'en remettait de nouveau à la logique des barricades pour obtenir des améliorations, dont la misère des classes travailleuses attestait évidemment l'urgente nécessité. J'avais vu, sans y prendre aucune part, la guerre de novembre : alors une population douce et timide, de mœurs éminemment pacifiques, était venue sur les places publiques y braver la mort avec ce courage énergiquement désespéré qu'une existence en proie à des souffrances sans nombre donne à l'homme qui voit se briser son dernier espoir. Je me demandais s'il était véritablement dans les destinées humaines, que les hommes dussent toujours acheter quelque bien au prix de si rudes et de si sanglantes épreuves! Je me demandais si la forme du gouvernement, si les institutions politiques qui régissent le pays, étaient réellement le principe du mal que je voyais ronger sans merci l'humanité, et se développer avec une effrayante progression parmi les classes ouvrières?

D'un autre côté, l'histoire m'apprenait qu'avant d'être constatées et régularisées par les lois, toujours les réformes s'étaient faites dans l'intelligence et les usages des hommes; que dans l'ordre naturel et logique les idées précédaient les faits; que les changemens politiques qui s'étaient accomplis jusqu'à nos jours n'avaient jamais été que la sanction laborieuse des modifications imprimées aux mœurs sociales par la succession des temps, et qu'une Constitution n'improviserait jamais une société, comme beaucoup l'ont cru et le croient encore aujourd'hui. Ce fut alors, Messieurs les Pairs, que j'abordai une science neuve dans ses principes comme dans les moyens de réforme qu'elle enseigne avec elle : je reconnus qu'une révolution, — quelle qu'en fût l'issue, — rendrait seulement le mal plus intense, la plaie plus vive, plus menaçante et plus difficile à fermer; que le mal était social et non politique, et qu'ainsi le remède devait et ne pouvait qu'être social.

La science dont je parle est celle que professe l'*École sociétaire* ou *phalanstérienne*, dont les travaux de CHARLES FOURIER sont la base.

Or, Messieurs les Pairs, mon adhésion à cette opinion et aux doctrines essentiellement conciliatrices et pacifiques de l'*École sociétaire*, est consignée dans l'*Écho de la Fabrique*, en date du 7 avril 1833, époque à laquelle je commençai dans ce journal une série d'articles signés, dans lesquels j'avais pour but de développer les principes de cette doctrine sociale dont je me déclarai dès-lors franchement et hautement partisan. Le 7 avril 1833 un an avant les malheureux évènemens à l'occasion desquels je suis en cause; remarquez cette date, Messieurs les Pairs, et veuillez observer que c'est à propos de ces articles, que je reçus de l'administration de ce journal, et sans même l'avoir sollicité, cette qualification de *collaborateur* dont l'accusation cherche à tirer parti dans le sens de ma prétendue culpabilité.

Ainsi, Messieurs les Pairs, voici un fait publiquement établi et consigné dans une série d'articles de journal, que moi, accusé devant votre justice d'avoir participé à un complot républicain et provoqué par des écrits la révolte d'avril, je m'étais séparé, *un an avant les évènemens*, des sociétés et du parti républicains, *et que j'avais authentiquement proclamé mon adhésion aux principes de* l'École sociétaire.

Maintenant, Messieurs les Pairs, quels sont-ils les principes de cette École? quelles sont-elles ces doctrines que j'ai toujours soutenues fidèlement depuis l'année 1833? contiennent-elles des élémens de révolte et des germes de guerre? excitent-elles au combat, aux actions révolutionnaires? Voyons, Messieurs : de nombreuses publications ont été faites depuis quelques années par cette École qui s'accroît chaque jour de l'adhésion des gens les plus sages, les plus calmes, les plus intelligens ; ces publications ont exercé sur la France entière une bien salutaire influence, empreinte dans l'action de la presse départementale, bien autrement engagée dans la voie des idées utiles au pays, que la presse payée et vendue, hargneuse et tracassière ou aveuglément fougueuse de la capitale ; voyons quels sont les principes au développement desquels toutes ces publications sont consacrées, voyons les théories qu'elles professent toutes sans exception (1).

Eh bien, Messieurs les Pairs, la première proposition de cette École, c'est que le mal est social et non politique.

III.

A nos yeux, Messieurs, le mal réside tout entier dans l'organisation vicieuse ou, plutôt, dans la non-organisation de l'Industrie et du Commerce, ces deux bases fondamentales de la prospérité des nations.

Tout y est livré aux caprices du hasard ; le désordre le plus grand règne dans la production et dans la distribution des produits, qui, d'ailleurs, ne sont point en rapport proportionnel avec le chiffre et les besoins des populations, et sont encore beaucoup réduits par les manœuvres de l'agiotage et la concentration des grands capitaux dans des opérations improductives.

L'industrie agricole manque de bras ; les agriculteurs souffrent, la masse en est misérable : tandis qu'une cause toute contraire, l'exubérance, produit

_____

(1) Voir à la fin du Mémoire, en note, la liste complète de ces publications.

les mêmes effets dans l'industrie manufacturière: Là, le peuple, attiré par l'espoir de gains plus forts, n'est pas moins malheureux que dans les campagnes, en sorte qu'à la ville comme aux champs, les haillons et le dénuement sont la règle, et le bien-être l'exception. Dans les campagnes, l'homme passe presque six mois de l'année sans rien faire ; dans les villes, l'ouvrier travaille à peine huit mois sur douze ; et enfin, sur une nation de trente-trois millions d'hommes, pourvue d'un sol propice et bon, mais dont un tiers au moins demeure inculte faute de capitaux et de bras, on compte vingt millions d'hommes n'ayant qu'un chétif revenu, et huit millions de mendians, voleurs et assassins, tous gens que la société ne sait pas employer, et qu'il lui faut pourtant nourrir, loger et vêtir à ses propres dépens.—Il y a d'immenses travaux à faire, et il y a des légions entières d'individus qui manquent de travail!!!. Quelle plus palpable attestation du désordre de notre système industriel?

Dans tous les grands centres de travail, là où l'industrie a acquis le plus de développemens, et je ne parle pas seulement de la France, à Paris et à Londres, à Lyon et à Manchester, à Liverpool et à Saint-Étienne! partout la misère a planté son enseigne, la révolte sa bannière sanglante et funèbre, et les partis politiques leurs drapeaux ; en sorte qu'il est moins que jamais permis, même à l'aide de la force matérielle, d'espérer le rétablissement de l'ordre, de la paix et de l'union entre tous, si l'on ne porte aucun remède aux vices de notre constitution industrielle.

Et si la misère et le manque de travail sont les causes principales de toute révolte (car l'homme qui travaille et jouit d'une suffisante somme de bien-être, fruit de son travail, n'a aucune propension à la révolte), on est encore forcé de constater que dans les temps de prospérité des difficultés nouvelles viennent de l'ouvrier, qui, en haine des mauvais jours et fasciné par des gains hors de proportion avec ses revenus habituels, vit dans une complète insouciance du lendemain et veut à peine travailler quatre jours sur sept!

Les capitaux s'éloignent de plus en plus de l'agriculture, où ils ne rapportent que de très minces revenus ; ils manquent aussi, dans une moindre proportion il est vrai, à l'industrie et au commerce, où le désordre et l'anarchie des relations entretiennent les mauvaises chances en nombre majeur, et où le péril des banqueroutes factices ou réelles est multiplié encore par les bouleversemens politiques : mais ils affluent à la Bourse, où ils se tourmentent à la hausse et à la baisse, toujours pivotant sur eux-

mêmes, sans aucun fruit pour le pays. Du premier au dernier échelon de
notre société chacun se jette aveuglément aux mains du hasard : le jeu a
gagné toutes les classes ; le jeu est devenu le suprême arbitre des choses,
le thermomètre où l'on vient lire le degré factice de la prospérité des
nations ! Et cependant, c'est le travail qui fait circuler la vie et le sang
dans les artères du grand corps qui forme la société ; c'est le travail
qui est la seule vraie source de toutes richesses, ce travail laissé en souffrance faute de capitaux, faute d'organisation, faute de combinaison et
de prévoyance, ce travail que l'homme n'aborde qu'avec répugnance et
dégoût, parce qu'avant tout rien n'est régularisé dans son action, rien
n'est assuré dans ses résultats et ses fruits.

Et, il faut bien aussi le reconnaître, il y a lutte partout! lutte de l'intérêt individuel contre l'intérêt collectif; lutte entre les intérêts des différentes classes qui composent la société; lutte intestine de ces classes par
la concurrence; lutte du pauvre contre le riche; lutte de l'ouvrier
contre le maître.

Lutte de l'intérêt individuel contre l'intérêt collectif : car l'individu n'est
intéressé qu'à sa chose propre et nullement à la propriété, au bien de tous ,
la richesse des uns s'étayant le plus ordinairement sur la ruine des autres.

Lutte entre eux des intérêts de différentes classes : car, comme l'enquête
commerciale faite sous les auspices de M. le Ministre du commerce l'a si
logiquement révélé , en même temps que les uns demandaient l'abolition
d'un droit ou la levée d'une prohibition hostile à la prospérité de l'industrie qu'ils représentaient, d'autres, en vertu d'un besoin analogue, dé-
montraient la nécessité du maintien de ces droits ou prohibitions.

Lutte intestine de ces classes par la concurrence : ce dissolvant que les
économistes sourds aux leçons de l'expérience nous ont jusqu'ici présenté
comme un véhicule nécessaire , tout-puissant pour le développement et le
perfectionnement de l'industrie , est une amère déception : car la concurrence, qui tend sans cesse à l'appauvrissement des produits , à la dépré-
ciation de leur valeur , entretient encore entre les individus exerçant une
même industrie ; se livrant au même commerce , une manœuvre perpé-
tuelle d'absorption nuisible aux producteurs comme aux consommateurs,
et qui , en dernière analyse, atteint proportionnellement toutes les classes.

Lutte entre le pauvre et le riche : car les jouissances du riche sont un
sujet continuel de haine et d'envie pour le pauvre qui compare , et qui
accuse le riche d'être la cause de ses misères. Le riche à son tour s'éloigne

du pauvre, que ses formes grossières, que ses haillons dégoûtans lui font repousser et considérer comme un ennemi féroce toujours prêt à le dévorer.

Lutte entre l'ouvrier et le maître: car l'ouvrier, n'étant lié à celui qui lui donne de l'emploi que par la nécessité impérieuse de travailler faute de mourir de faim, n'a en vue que le salaire qu'il reçoit et non les intérêts du maître; tandis que, de son côté, le maître, poussé par la concurrence et dominé par son propre intérêt, tend incessamment à diminuer le salaire dû au travail.

Et enfin, *Lutte d'intérêts entre tous et dans tous les sens* : car l'homme de commerce et de spéculation, le marchand de céréales, par exemple, attend pour remplir ses greniers que le propriétaire producteur soit dans la nécessité de livrer ses récoltes à bas prix ; et quand les achats sont faits, il hausse les prix et bénéficie sur le consommateur après avoir commercialement spolié déjà le producteur;

Car le marchand de vins exerce la même manœuvre contre le vigneron, et ajoute encore à la malfaisance de son action la falsification des denrées; quand ses caves sont pleines, la grêle qui ravage les propriétés et ruine les producteurs sert au contraire ses plus chers intérêts ;

Car les médecins seraient ruinés, misérables, si l'humanité s'avisait de se bien porter;

Car les hommes de loi perdraient leurs moyens d'existence s'il n'y avait plus ni chicanes, ni procès;

Car les juges sont intéressés à ce qu'il y ait toujours des crimes et des coupables, des palais de justice, des bagnes et des prisons, sous peine d'avoir fait d'inutiles études et d'en perdre le fruit;

Et au milieu d'un désordre si funeste à tous, les gouvernemens occupés à atténuer les effets de ce conflit perpétuel, à empêcher les classes de s'entre-dévorer, les hommes de se déchirer comme si la terre n'était ni assez vaste pour les tous porter, ni assez bonne mère pour les tous nourrir ; les gouvernemens, dis-je, meurent à la peine, trompés qu'ils sont encore par ces légions de police subalterne préposées à la garde du corps social, qui, elles aussi, tirent leur raison d'être de l'anarchie des intérêts et du désordre industriel et moral des sociétés. Comme toutes les catégories improductives occupées seulement à la surveillance et à la répression des conflits produits par la fausse combinaison des choses, elles reviendraient elles-mêmes au travail créateur et productif, alors que

l'harmonie des intérêts ferait cesser tous les conflits et établirait sur des bases inébranlables la prospérité générale, l'accord des différentes classes entre elles et le concert affectueux des gouvernans et des gouvernés.

IV.

Si le tableau que je viens de tracer des misères de notre ordre social, industriel et commercial n'est pas flatté, vous reconnaîtrez aussi, je le crois, Messieurs les Pairs, qu'il est loin d'être exagéré : ce serait faire injure à votre haute expérience que de vous supposer disposés à fermer systématiquement les yeux sur le mal, car c'est à vous surtout qu'il appartient de l'apprécier; or, la nature des vices que j'ai signalés, les opérations qui sont à faire pour les combattre et détruire avec eux leur action désastreuse, si hostile aux bonnes relations qui devraient régner parmi tous les membres de la grande famille humaine, attestent avec une entière évidence que l'action de la politique est incompétente pour l'œuvre des réformes dont la société a besoin.

J'ai montré en effet que les trois puissances, les trois forces dont le jeu est l'âme de nos relations industrielles et sociales, le *Capital*, le *Travail* et le *Talent,* sont, par le fait même des combinaisons particulières dans lesquelles elles sont engagées au sein de la société, en opposition les unes contre les autres; j'ai montré encore que l'hostilité d'intérêts qui arme ces trois puissances les unes contre les autres, divise intestinement aussi chacune d'elles, et se manifeste d'une manière flagrante par les désordres effrénés de ce que l'on appelle la libre concurrence qui établit les luttes de capitaliste à capitaliste, aussi bien que celles de travailleur à travailleur. Or, s'il est avéré que par la manière même dont les intérêts divers sont distribués dans la société, c'est-à-dire par la nature même de la forme sociale, ces intérêts sont en divergence et en hostilité; il devient évident que la question doit être à la modification de cette forme sociale qui engendre la guerre des intérêts, et non pas à la modification des formes administratives et gouvernementales, puisque les causes génératrices de la guerre des intérêts ont leurs racines en dehors de ces dernières formes. La politique, telle qu'elle a été entendue jusqu'ici avec ses théories et ses luttes, est donc une erreur de l'esprit, la pure conséquence d'une faute de logique.

Le parti politique auquel j'ai appartenu et qui compte dans ses rangs des hommes à qui vous êtes bien éloignés sans doute, Messieurs les Pairs, de contester les nobles qualités et les bons désirs, ce parti a résumé sa théorie politique la plus élevée dans cette formule, le *Gouvernement du pays par le pays*. Personne assurément ne peut contester la convenance théorique de cette formule ; elle est fondée en droit général, en justice générale, en raison générale : mais il me semble clair au même degré d'évidence que cette formule n'est pour aujourd'hui qu'une de ces vagues fictions politiques auxquelles les esprits se laissent trop facilement prendre, ou bien qu'elle n'est l'expression d'un gouvernement parfait qu'à la condition d'être appliquée à une société rendue *préalablement* parfaite, à un pays où tous les intérêts seraient d'accord ; car tant que les intérêts seraient opposés ou divergens dans le sein de la nation, le gouvernement *par le pays* ne serait jamais que la manifestation des divergences radicales existant dans le pays ; tant que les intérêts resteront opposés entre eux dans les communes, dans les départemens, dans les provinces, il est certain qu'un gouvernement représentant exactement le pays reproduira tous les élémens de discordance du pays dont il sera émané.

Il est impossible d'avoir un gouvernement gouvernant dans l'intérêt de tous avant qu'il y ait harmonie entre les intérêts de tous. Je ne m'arrêterai pas à légitimer ce que j'avance par des faits historiques ou par des explications plus détaillées, car il ne sert à rien de prouver l'évidence.

L'étude des travaux de l'*École sociétaire* m'ayant ainsi ouvert les yeux sur les causes premières du mal, m'ayant montré toutes nos misères dérivant en principe de l'opposition des intérêts dans le sein de la société, je compris que mes amis politiques et moi nous étions restés engagés jusqu'alors dans une voie qui ne conduira jamais au but que nous voulions atteindre, l'amélioration du sort de l'humanité ; je compris que les luttes politiques, indépendamment des maux qu'entraîne leur fatale énergie dans le présent, sont en outre impuissantes et stériles pour l'avenir ; je compris que c'était œuvre vaine et de mauvais résultat pour le pays et pour l'humanité, que de se buter violemment contre les effets sans remonter aux causes, et qu'en ces régions passionnées et inintelligentes des disputes quotidiennes, les générations se léguant les haines aveugles, et éternisant les combats, l'humanité pourrait continuer à s'égorger et mourir à la peine ; je compris que les dangers de l'état de guerre étaient d'autant plus grands, que les sentimens les plus dignes, les affections les plus généreuses, les passions les plus belles recrutaient chaque jour pour la lutte, de nobles cœurs dévoués qui croient se consacrer corps et âme au service de l'humanité, en se consacrant corps et âme aux doctrines erronées d'un parti ; je compris, Messieurs, qu'il y avait au fond de nos agitations une grande erreur ; que la politique, se tourmentant dans tous les sens, tournait toujours dans un même cercle borné d'idées étroites, irritantes, inflammables, qu'elle était impuissante et malfaisante à la fois ; qu'il fallait chercher un remède social à un mal social ; que c'était à l'intelligence et non à la force qu'il fallait s'en remettre pour trouver les moyens de combiner les intérêts divergens ; qu'il y avait là une énigme à deviner, et que tous les partis avaient irrécusablement prouvé qu'aucun d'eux n'en savait le mot. Du jour où je compris ces choses j'avais cessé d'appartenir au parti républicain.

Si la passion inséparable de la nature humaine n'obscurcissait pas l'intelligence dans nos tristes querelles, n'aurait-on pas reconnu que puisque aucun parti ne peut conquérir l'opinion tout entière, c'est qu'aucun ne sait, comme chacun d'eux prétend pourtant le savoir, ce qu'il faut au pays ? car si un des partis existans, parlant au pays, écouté par le pays, avait révélé au pays ce *qu'il lui faut*, s'il lui avait présenté le moyen de sa prospérité, certes le pays l'aurait accepté. Mais, chose étrange ! chaque parti prend chaque jour la peine de s'accuser soi-même en disant que ce qui l'empêche d'être accepté, ce sont *les intérêts qui luttent contre lui*... Quelle condamnation plus forte les ennemis d'une doctrine pourraient-ils prononcer contre elle que de montrer qu'elle menace ou seulement même repousse une quantité d'intérêts existans assez notable pour lui faire obstacle dans la nation ? — Ceci, Messieurs, s'applique aux vainqueurs tout aussi bien qu'aux vaincus.

Pour toutes ces raisons, Messieurs les Pairs, je n'adhère ni ne puis adhérer à aucune doctrine politique. Aujourd'hui, la tâche des hommes de cœur, d'intelligence et d'avenir n'est plus là. Ce n'est plus la forme gouvernementale qu'il importe de mettre en question ; mais c'est sur la combinaison harmonique des intérêts sociaux qu'il faut que l'intelligence se mette en œuvre.

Or, ici, Messieurs les Pairs, c'est une nécessité de défense que m'a créée l'accusation, de formuler bien nettement mon opinion sur cette seconde et délicate question ; car ici, sur ce terrain qui n'est plus le terrain politique, mais le terrain social, il y a encore deux voies : la lutte ou la conciliation, la paix ou la guerre, la force ou l'intelligence ; et l'accusation, qui n'est contre moi qu'un système de préventions dénuées de faits, une espèce d'accusation de *tendance*, exige que j'établisse le caractère essentiellement pacifique de la doctrine que j'ai embrassée. C'est, au reste, Messieurs les Pairs, ce dont je remercie l'accusation elle-même ; car s'il est pour moi une consolation à cette triste et dure vie d'exil qu'elle m'a imposée et que je mène, moi industriel et père de famille, depuis tantôt seize mois, loin de ma famille et de mes affaires ; s'il est, dis-je, à ces rigueurs une consolation pour moi, c'est bien d'être appelé, par la nature même de la cause et les exigences de ma défense, à signaler à vos hautes capacités ces principes supérieurs d'économie sociale, trop peu connus encore pour le bonheur du pays, et qui contiennent, à mon sens et à celui d'un nombre imposant déjà d'hommes de science et de raison profonde, les germes d'un bel avenir pour notre patrie et pour l'humanité. Et certes, Messieurs, il a fallu que je crusse bien fortement devoir à la position de mes co-accusés mon silence pendant les débats, pour que je me réduisisse à consigner aujourd'hui ces principes dans le coin d'un court mémoire, quand je m'étais réjoui par avance, quand j'aurais dû peut-être à ma croyance et aux grands intérêts du pays, de saisir l'occasion que j'avais d'en faire à votre barre un développement large et solennel.

V.

La question est sociale, ai-je dit, Messieurs les Pairs.

Ainsi ce n'est pas la forme gouvernementale qui doit être mise en question ; ce qui doit être mis en question, c'est la constitution intime de la société elle-même...

« La constitution de la société mise en question ! accusé, mesurez vos paroles, » allez-vous dire, Messieurs les Pairs. « Le réquisitoire ne vous chargeait pas autant que va vous charger votre défense : on vous imputait seulement d'avoir attaqué la constitution politique, et voilà que vous attaquez la constitution de la société ! Accusé, mesurez vos paroles... »

Messieurs les Pairs, nous comprenons mieux que personne le sentiment qui vous fait parler ainsi. Des trois pouvoirs auxquels notre constitution a remis le gouvernail de l'État, vous êtes, par la nature de votre institution, celui qui est chargé surtout de l'action modératrice, celui qui doit veiller spécialement au maintien des intérêts ; vous êtes préposés à la conservation. Comment donc, après tant de malheureux essais de réforme, après tant de tentatives de régénération qui toutes ont abouti à des chocs violens, à des perturbations terribles; comment, après tant de sanglantes catastrophes provoquées par le zèle ardent et passionné des novateurs; comment, après tant de sombres époques et de fatales expériences, n'éprouveriez-vous pas plus encore qu'une légitime et sage défiance en entendant des voix proclamer que la constitution sociale doit être mise tout entière en cause, et faire hardiment appel à une réforme plus profonde et plus radicale que n'aient jamais osé en demander les novateurs les plus téméraires? Comment ne redouteriez-vous pas, Messieurs les Pairs, ces voix qui viennent encore parler Réforme, bien qu'elles pussent ajouter les mots humanité, bonheur universel, harmonie, quand c'est avec ces mots que l'on a composé les refrains des rondes révolutionnaires; quand c'est aux cris de fraternité, émis d'abord par des philosophes, et poussés bientôt après par les masses populaires en débordement, qu'on a construit les échafauds permanens et les échafauds mobiles qui ont terrorisé la France et épouvanté l'Europe; quand certains théoriciens ont réuni dans leur vénération Jésus, saint Dominique et Marat; quand tout drapeau sur lequel on a écrit Réforme n'a été qu'un drapeau de guerre; quand nouvellement encore une doctrine qui prétendait à l'association universelle, qui voulait embrasser dans son amour l'humanité entière, et arborait un caractère essentiellement pacifique et religieux, n'est arrivée pourtant qu'à inoculer à la politique révolutionnaire cette erreur terrible qui pourrait faire à l'Europe un sombre avenir, *que la propriété n'est pas un droit*; quand plus récemment encore l'Europe entière a tressailli en entendant sortir d'une bouche consacrée d'étranges paroles, où s'accouplaient bizarrement, comme différens métaux embrasés se tourmentant dans la fournaise, les formules des bénédictions et des malédictions, de la paix et de la guerre, de l'amour et des fortes haines; quand enfin vous avez devant vous, Messieurs, des hommes dont on vous demande les têtes et dont les cœurs pourtant renferment des cordes si généreuses qu'elles font vibrer toutes vos sympathies, à vous leurs juges, juges encore à qui ils parlent fièrement en ennemis?

Oui, Messieurs les Pairs, oui, vos défiances et vos craintes sont sages et légitimes; il serait insensé de le nier, oui, vous avez des raisons d'éprouver aversion pour ces grandes théories creuses et vides qui font briller au soleil les drapeaux et les mots dorés qui fascinent les masses et entraînent aux révoltes les populations abusées; oui, vous devez craindre ces fièvres de révolutions qui échauffent les peuples et mettent les nations en fermentation et en bouillonnement; vous avez certes, Messieurs, de puissantes raisons pour cela; et vraiment, Messieurs les Pairs, vraiment, moi aussi, républicain d'hier, je dirai bien comme vous : il serait à désirer que l'on devînt enfin plus sages, qu'on abandonnât les voies des turbulences et des fous projets, pour s'occuper de pratique ; qu'on laissât les grandes déclamations sur la liberté, la fraternité, l'égalité, l'idéologie des droits imprescriptibles, qui ne déterminent que de funestes orgasmes, et *ne produisent pas*, pour s'occuper des *réalités productives*, des moyens véritablement créateurs du bien-être, des choses qui sont les sources vives des aémliorations sociales, je veux parler de l'agriculture, des fabriques, du commerce, des arts, des sciences, de l'éducation, seules bases de la richesse générale, et par conséquent du bonheur et de la liberté, qui ne peuvent être bien assis que sur ces bases. Voilà ce qu'il s'agit d'organiser, voilà les branches sur lesquelles l'intelligence doit s'exercer; c'est de la systématisation de tous ces élémens de la prospérité sociale qu'il faut s'enquérir : car enfin, il serait bien temps qu'aux peuples qui souffrent toujours on donnât ce qui peut calmer la souffrance; qu'à la société qui toujours se tourmente en des agitations terribles, on donnât ce qui a vraiment puissance de calmer les crises.

Certes, Messieurs les Pairs, vous jugeriez bien heureux pour la France le jour où la brûlante activité des esprits, qui entretient et avive sans cesse nos querelles et nos plaies, qui s'acharne à cet assaut sans trève et sans merci contre les pouvoirs de l'État, viendrait se condenser en des études calmes, sérieuses et réfléchies, portant sur la combinaison des travaux domestiques, agricoles et manufacturiers des Communes. Vous jugeriez bien heureux pour la France le jour où ces bouillans soldats qui veulent renverser les monarchies, briser les trônes, et faire courir la propagande à travers l'Europe, jetant leurs armes de guerre, arriveraient, à la suite de ces études sur la combinaison des moyens créateurs de la prospérité publique, à demander pour expérimenter leurs théories nouvelles,—non plus un empire que l'expérimentation peut faire craquer dans toutes ses parties, — mais une lieue de terrain sur laquelle essayer paisiblement des modes nouveaux de production, de distribution et de consommation des richesses, de développement du travail et des facultés humaines.....

Messieurs, je vous le dis, le jour où l'on aura compris en France ceci,

3

qui n'est pas bien difficile à comprendre, et qu'il est passablement hon-
teux qu'on n'ait pas encore découvert, savoir :

*Que la France étant formée de la réunion de trente-six mille Com-
munes, le premier point, quand on prétend travailler à la prospérité générale, c'est d'assurer les voies et moyens de prospérité de la Commune;*

Le jour où l'on aura compris cela, nous serons dans le port et bien près
d'un bon avenir. En effet, Messieurs, si, comme cela est d'une évidence
sur laquelle il est assez peu flatteur pour l'intelligence de notre siècle qu'il
soit nécessaire d'insister; si la prospérité de la France ne peut résider sur
rien autre chose que sur la prospérité des trente-six mille Communes qui la
composent ; si la prospérité de chaque Commune dépend, comme il serait
absurde de le mettre seulement en doute, de la plus ou moins parfaite
ordonnance des affaires agricoles, manufacturières et commerciales, des
travaux de ménage, d'éducation, d'art, de science qui s'exécutent ou devraient s'exécuter dans la Commune ; n'est-il pas sensible que quand ces
vérités, si claires qu'elles sont presque des naïvetés, seront admises par les
esprits, il en résultera des études sérieuses, des travaux, des recherches,
des expériences paisibles sur le mouvement, l'agencement, la combinaison
de ces élémens de la prospérité et du développement humanitaire ; que l'on
entrera immédiatement dans la carrière des améliorations certaines, des
réformes pratiques, inoffensives, heureuses, et que l'abîme des perturbations politiques sera clos à jamais ? Il n'y aurait plus de place pour les
querelles et les déclamations dangereuses, Messieurs les Pairs, quand la
question de la Réforme serait ainsi précisée; quand l'opinion aurait une fois
admis que toute théorie générale de Réforme doit produire d'abord, sous
peine d'être jugée absurde, une théorie d'organisation industrielle de la
Commune, — premier point qui est susceptible d'être vérifié par une
expérience évidemment inoffensive.

« Vous voulez régénérer la société », dirait l'opinion à tout théoricien ;
« eh bien ! montrez-nous d'abord sur quelles bases vous établissez la pros-
» périté de la Commune ; comment le travailleur y sera rétribué de sa
» peine ; comment le propriétaire et le capitaliste y seront payés de leurs
» avances et de leurs fonds ; comment les travaux y seront distribués, et
» s'ils donneront les plus grands produits aux moindres frais ; comment
» l'homme qui n'a que ses bras sera intéressé aux bénéfices du capita-
» liste ; comment celui-ci à son tour sera lié d'un intérêt commun avec
» celui-là ; comment le talent aussi trouvera sa place dans l'association :

« comment l'éducation y sera conduite, si elle s'étendra à tous les enfans,
» si elle développera toutes les facultés qu'il importe à la société comme à
» l'individu d'employer et d'utiliser ; —quelles sont enfin les bases de votre
» projet d'organisation des élémens de bien-être dans la Commune.... »

Ah! vous comprenez, Messieurs, qu'à pareilles exigences de l'opinion, qu'à ces questions sages et intelligentes, il ne serait plus possible
de répondre seulement par des phrases retentissantes, par des vacuités
plus ou moins éloquentes, plus ou moins passionnées et sonores.

C'est qu'alors on aurait appris à comprendre que les élémens de prospérité et de bonheur des nations étant, avant tout, des *faits* et non des *mots*,
toute théorie sociale doit produire une combinaison de faits et non de
mots ; être, par suite, quelque chose de saisissable, susceptible de mise
en exécution par essai sur le terrain : c'est qu'alors, Messieurs les Pairs,
on aurait abandonné les régions obscures et nuageuses de l'alchimie politique,—où les vapeurs d'une idéologie irritante et vaine sont, par malheur,
encore plus fatales aux cœurs généreux qu'aux égoïstes,—pour marcher
enfin aux améliorations, avec la logique simple de la science, sur la terre-
ferme de l'observation et des faits.

C'est donc vous qui le dites avec moi, Messieurs, les pensées réformatrices, les ardentes aspirations vers le bien social,—fatales, en raison même
du dévouement et de l'énergie des hommes qui en sont possédés, quand
elles s'emportent à travers champs dans les régions sombres, orageuses
et volcanisées de la Politique ; — ces ardens désirs partant de noble
source, et ces pensées réformatrices, deviendront (ce qu'en effet ils doi-
vent être), des élémens actifs de bonheur, de progrès, d'ordre et de liberté,
quand ils seront soumis au frein d'une haute raison, assujétis aux juge-
mens de l'expérience ; quand l'opinion tuera à sa naissance toute théorie
sociale non susceptible d'aboutir directement à la Commune, cet élément
social, cette alvéole qu'il faut savoir mieux organiser d'abord, si l'on veut
mieux organiser la société entière qui est la ruche formée de réunions al-
véolaires. Non certes, il n'y aurait plus à l'horizon de tempêtes si le public
avait compris que la question sociale doit être posée comme je viens de
dire ; si l'on était arrivé, en France, à mettre toute provocation à des agitations dans l'ordre politique au nombre des symptômes pathologiques ; et à
ne prendre soin, dans l'ordre industriel et social, que de ce qui serait for-
mulé nettement et se pourrait prêter à la pratique sur l'*unité* d'exploita-
tion et d'aggrégation sociale, —au plus une lieue carrée de terre.

Or, Messieurs les Pairs, et nul d'entre vous ne me contredira sans doute, cette heureuse disposition des esprits, si sage, si mesurée, si raisonnable, cette disposition qui abattrait les querelles des partis, comme la pluie d'été abat les tourbillons de poussière, il est certain que sa réalisation vous semble, à évidence, une utopie quant à notre époque ; c'est pour vous un bienfait inespéré, vous le remettez à un long avenir,

> . . . . à des temps plus prospères,
> Où les fils corrigés vaudront mieux que leurs pères ;

On voudrait en discuter avec vous les moyens, Messieurs, que vous souririez sans doute ; vous ne croiriez pas la chose dans l'ordre des possibles avec les hommes qui composent la société contemporaine. Oh ! comme vous objecteriez les réalités présentes, les haines insensées des partis, les égoïsmes acharnés, les surexcitations morbides, les altérations de l'esprit, les obscurcissemens de l'intelligence, les aveuglemens, les petitesses, les obstinations orgueilleuses, vaines ou brutales des uns et des autres, de toutes les armes, de tous les drapeaux, des combattans, des vainqueurs, des vaincus ! de tous !!...... Messieurs, vous diriez *de tous*,

Eh bien, Messieurs, cette disposition qui dans l'état des esprits vous semblerait, pour être amenée, exiger un miracle.... elle se produit naturellement, tout naturellement, rien que naturellement au contact des idées de l'*Ecole Sociétaire*.

Mais notez bien, Messieurs, que je ne vous parle pas seulement de l'action de ces idées sur des caractères froids, sur des vieillards prudens, rassérénis par l'âge, sur des femmes qui se souviennent d'avoir tremblé au bruit du canon de nos mauvais jours ; je vous parle, moi, du contact de ces idées sur le cerveau bouillant d'un républicain de vingt ans ! je vous parle de leur action sur ces organisations que la bataille électrise, que la grande voix révolutionnaire emporte, qui ont des poitrines fortes à contenir une haine, et dont toutes les fibres vibrent à l'unisson alors que le canon gronde...

Messieurs, je ne crains pas de le dire, il n'est pas un républicain, j'entends parmi les hommes d'intelligence, dont les désirs ardens du cœur ont chauffé la tête, — et c'est le grand nombre, Messieurs ; — il n'en est pas un que l'étude des idées dont je vous signale la valeur, ne fasse promptement entrer à pleines voiles dans cette voie large, humanitaire, calme comme

la raison. Chaque jour les faits se chargent de nous prouver cette puissance actuelle de la grande Idée de l'avenir ; à chaque moment des hommes
de travail et d'expérience, comme des hommes de parti ardens et jeunes,
se rangent à cette belle doctrine qui peut seule faire passer en acte les
généreux désirs, et qui, *pour cela même*, est appelée à les baptiser tous
un jour. Bientôt les faits attestant ce genre de puissance deviendront
assez nombreux, et leur influence sur l'opinion assez imposante, pour en
rendre la manifestation éclatante à tous les yeux (1).

Moi qui vous parle ici, Messieurs les Pairs, moi, républicain d'hier,
je le répète, et qui n'ai pas abdiqué, Dieu merci! mes bons désirs ; mais
que ces désirs-là mêmes, *qui m'avaient fait républicain*, ont conduit dans les
régions supérieures et intelligentes, où se trouvent les solutions pacifiques
et seules réelles de ces questions qui ne produisent que de déplorables
luttes dans les basses régions où elles s'agitent aujourd'hui ; moi, républicain qui ai rejeté les doctrines erronées, vagues, sans consistance,
sans portée, sans unité, sans *valeur sociale*, du parti républicain ; mais
qui ai conservé sympathie pour les hommes dévoués que ce parti renferme
et qui les connais ces hommes, je le déclare,—et c'est une conviction dont
les motifs sont bien établis :

NOS QUERELLES PERDRONT PROMPTEMENT LEUR ÂCRETÉ, ET NOUS N'AU-
RONS PLUS A REDOUTER DE LUTTES SANGLANTES, si un ministère mieux avisé
que celui dont les vues bornées sont venues se résoudre dans l'unique
principe de *Résistance*,—principe qui, *quand il est seul*, est presque aussi
aveugle et inintelligent que celui des agressions ; — si, dis-je, un pouvoir
mieux avisé et plus large, résistant d'une main, et de l'autre *imprimant
impulsion aux choses*, sait conduire les esprits vers l'ordre des idées

(1) L'*Ecole sociétaire*, dont Ch. FOURIER a établi les bases rigoureuses et mathématiques dans des publications successives en date de 1808, 1822 et 1828 (voir la note à la fin
du mémoire), et qui étaient restées complètement ignorées du public, a commencé en 1832
seulement l'ère de sa publicité. Depuis cette époque bien récente, elle a marché avec de
faibles ressources et par la virtualité même de ses idées, de façon à donner à ceux qui en ont
compris déjà la haute valeur sociale, de belles et prochaines espérances. Nous pouvons assurer que les ressources qu'elle s'est acquises dans ces derniers temps et les travaux qu'elle
a préparés et qui seront bientôt produits au grand jour, ne tarderont pas à exercer une action puissante dans le monde des intelligences.—C'est là, il est vrai, le désir de notre âme;
mais nous avons des raisons de croire pourtant que notre prévision n'est pas une illusion
de nos désirs.

d'industrie et d'améliorations réelles, positives et sociales que j'ai signalées, ET QUI SONT LE FONDEMENT DE L'ÉCONOMIE POLITIQUE SOCIÉTAIRE ;

Ou quand, — à défaut d'un pouvoir capable, comprenant les grands besoins de l'époque, et marchant en tête du mouvement social, — ces grandes idées se seront développées dans le monde par leur virtualité propre et par le zèle éclairé, sage, et ardent, des hommes de science et de raison, des hommes véritablement religieux à l'humanité, qui sont aujourd'hui leurs apôtres, et dans les rangs desquels, Messieurs, je me glorifie d'avoir pris place......

Cette conclusion sur l'immense service qu'est appelée à rendre au pays et au monde l'Idée de l'*École sociétaire*, est fondée en raison, sur la manière même dont cette École apprend que doit être posée la question de la réforme sociale, à savoir :

1° *L'harmonie intérieure des intérêts et des choses dans la Commune ;*

2° *L'harmonie extérieure des Communes entre elles dans la province, dans la nation, dans le monde......*

Évidemment, cette manière, seule rationnelle, de poser la question générale, exigeant comme condition essentielle et *préalable* en bonne logique, l'ordonnance industrielle de la Commune, et devant se décider par des essais faits aux risques et périls purement pécuniaires de sociétés individuelles, — essais encouragés bien certainement par tout gouvernement intelligent et de bon vouloir, — évidemment, dis-je, cette manière de poser la question est bien capable, j'ajoute est seule capable, de mettre un terme à nos tristes débats.

Aussi, Messieurs les Pairs, quelle idée ne vous donnerais-je pas de la bienfaisante influence de la *Conception sociétaire* et des hautes espérances sociales qu'il est permis de rattacher à son prochain avènement, si le temps, et la convenance qui m'impose de ménager vos instans, ne me forçaient pas à abréger mon plaidoyer ; si je pouvais vous faire pénétrer plus avant dans la nature de cette doctrine à laquelle je suis voué ; si je pouvais vous en dérouler les solutions magnifiques et fécondes !

Vous prévoyez bien sans doute, Messieurs, qu'une théorie dont les influences sont si heureuses dans le fait seul de la manière dont elle pose les questions, doit être bien autrement heureuse encore dans les principes et les résultats de ses solutions : aussi en verriez-vous passer devant vos yeux avec admiration, mais sans étonnement, le riche et pacifique cortège.

Aux vives lumières que les principes sociétaires jettent sur les choses, vous comprendriez que ces trois forces premières, CAPITAL, TRAVAIL et TALENT, dont la divergence entretient depuis si long-temps la guerre au sein des nations, ne sont pourtant pas ennemies par nature, et qu'elles peuvent se concilier ; vous comprendriez que cette conciliation, question tout-à-fait fondamentale et décisive en haute politique sociale, est d'autant plus dans l'ordre des possibles, que ces trois forces, Capital, Travail et Talent, étant les trois élémens de la création des richesses et du bien-être, leur ASSOCIATION produira nécessairement une telle abondance de biens et de richesse, que la répartition *proportionnelle, pour chacune d'elles, à son concours à la production totale*, lui donnera alors une part supérieure à ce qu'elle pourrait avoir dans leur DIVERGENCE actuelle, encore que seule elle y absorbât les parts des deux autres. Vous comprendriez que cette heureuse Association du Capital, du Travail et du Talent, condensée en première puissance dans la Commune élémentaire, y établirait l'union et la solidarité de tous les intérêts, de toutes les propriétés, de toutes les industries ; qu'elle élargirait son influence et s'élèverait à ses puissances successives en s'étendant au département, à la province, à la nation, et fonderait ainsi l'harmonie du monde... ; que tous ces intérêts particuliers qui ont divisé les hommes, ces intérêts si âcres, si acharnés aux querelles, féconds en haines, en malheurs, en crimes de toutes sortes et de toutes hideurs, *quand ils sont opposés entre eux dans une déplorable anarchie,* — deviennent eux-mêmes de puissans liens entre les hommes, de puissans moyens d'union et de bonne harmonie, *quand ils sont associés, noués solidairement les uns aux autres dans un milieu régularisé.*

Oui, certes ! s'il m'était donné de vous développer ici les belles et humanitaires conséquences si solidement fondées en logique, en observation et en raison, des principes de haute économie sociale, révélés par le génie divin de FOURIER, vous reconnaîtriez que celui-ci a apporté à notre époque troublée le rameau d'olivier qui donne la paix au monde ; qu'aux passagers, qui flottent au gré des vents d'orage sur la mer des contradictions et des erreurs, il offre une intelligente boussole dont la flèche aspire vers les belles et riches plages de l'avenir... Messieurs ! s'il m'était donné de parler, et que ma parole fût forte et puissante comme l'idée qu'elle aurait à vous envoyer, vous appelleriez de vos vœux aux conseils du pouvoir le vieillard dont la tête a blanchi en de longues veilles consacrées au service de l'humanité ! vous vous étonneriez étrangement qu'une capacité si grande eût vécu méconnue et obscure ! que cette voix sérieuse et grave, qui dit tant de choses et sait tant de remèdes à nos douleurs, eût été couverte et dominée par les misérables voix des charlatans verbeux qui étourdissent l'Europe, et par les bruits de nos brutales querelles ! Messieurs, c'est un fatal et triste don que le don du génie bienfaisant !... triste et fatal à celui qui l'a reçu, et qui empoisonne sa vie ! C'est un calice d'or et de diamans rempli, jusqu'à déborder, d'une amère absynthe, et qui ne brille jamais pour les contemporains !......

Vraiment, Messieurs, la postérité saura que dans le siècle où vivait le Génie qui dès aujourd'hui irradie sur elle, il y avait des routes ouvertes pour toutes les intrigues et pour toutes les ambitions, pour tous les fanatismes et pour tous les égoïsmes ; que toute folie néfaste y naissait viable... et que lui, haut et puissant Génie pacificateur, il végétait misérablement sans que les puissans prissent seulement garde à ses paroles ! on dira que, dans un siècle fanfaron et vantard, couvert de beaux semblans, ridiculement chargé de tous les oripeaux libéraux et philosophiques, empanaché de progrès, suant et soufflant à crier son amour du vrai, du bien, des améliorations de toutes espèces, ses sympathies pour les classes qui travaillent et souffrent, ses ardeurs pour l'humanité et tout son charlatanisme d'avenir ; que dans ce siècle-là, où mille trompettes sonnaient la publicité des œuvres vaines, futiles et impudentes, des mensonges politiques et mercantiles, des vacuités anodines et des vacuités incendiaires, aucune de ces trompettes n'a laissé sortir un son pour annoncer au monde l'œuvre du noble vieillard ; qu'aucune publicité sérieuse n'a été accordée par les princes de l'opinion, qui se disaient amis du peuple, ou amis du roi, à celui qni apportait au peuple le travail et l'aisance, aux enfans du peuple l'éducation, aux riches la sécurité, aux rois et aux nations la paix ! Que dis-je ? on a parlé, Messieurs ! mais pour jeter l'outrage à ses cheveux blancs... Celui qui a semé la richesse, la paix et la liberté sur le monde, aura vécu dans la pauvreté et récolté les amères dérisions !..... c'est toujours la vieille ingratitude des hommes au génie.

Et que demandait-il cet homme ? Quelles étaient ses exigences ? Que fallait-il faire pour cueillir ces bons fruits, pour juger, du moins, les moyens qu'il offrait ? Lui fallait-il les rênes de l'État dans les mains ? une révolution ? un empire à gouverner ? que demandait-il ?... Il demandait l'examen préalable, un examen de chiffres inflexible et arithmétique ; et à la suite, un essai sur une demi-lieue de terrain exploitée par quelques familles de paysans; ... et les philosophes dorés, et les journalistes gonflés d'amour du bien public, lui ont refusé un examen qui aurait bien vite décrédité leur denrée quotidienne; et les capitalistes, bornés et entêtés aux vieilles routines, n'ont pas compris et rien réalisé; et le gouvernement, mené par des esprits sans portée, s'occupait à faire des procès de Juin, des procès d'Avril, des procès à la presse, des lois de Résistance, des actes de Résistance, et il était si bien occupé à tourner, les yeux bandés, dans son manège de Résistance, à guerroyer contre les mauvais effets des bons désirs et de la forte activité des esprits auxquels il ne savait pas assigner de bons et harmoniques emplois, qu'il ne songeait pas à encourager seulement le mouvement simple et facile dont l'influence eût prévenu toutes les agressions qui motivaient les résistances!

On dira tout cela, Messieurs, et ce sera la honte de notre siècle de Bas-Empire! On dira encore, Messieurs, que pour que le Sénat de France entendît nommer l'*École sociétaire* et son fondateur, il fallut qu'un pauvre ouvrier de Lyon, accusé par mégarde d'avoir provoqué une révolte dont les causes déterminantes n'étaient pas bien claires, se laissât jeter à la Fosse aux accusés d'un procès déplorable, dans l'intention même de mettre au jour, à la solennité de la Cour de ce Sénat, les premiers mots de cette doctrine qui se trouvait composer sa défense (1).....

Messieurs, je m'arrête. Je vous ai signalé une doctrine qu'il n'est pas permis à des hommes politiques, encore moins à des hommes politiques qui forment un pouvoir constitutionnel, d'ignorer plus long-temps aujourd'hui. Vous n'aviez pas été avertis par ceux dont c'était la tâche et le devoir de le faire. J'ai réparé leur omission malveillante. Vous êtes avertis: et, s'il y a désormais des retards que le temps démontre avoir été malheureux et funestes, vous alors aussi, Messieurs les Pairs, vous serez comptables du mal qui n'aura pas été évité, du bien qui n'aura pas été fait.....

Ainsi, j'ai rempli ma tâche d'apôtre d'une doctrine heureuse à l'huma-

(1) Lorsque la Cour discutait la *mise en accusation*, ma famille et mes amis me pressaient de faire un Mémoire justificatif, et je savais bien que mon renvoi de cause en eût été la suite toute simple; mais j'avais déjà subi dix mois d'exil, et j'estimai qu'il valait mieux laisser aller l'accusation et que, de cette façon au moins, elle aurait eu cela d'utile, qu'elle eût provoqué devant la Cour un développement d'idées dont il importe hautement que l'annonce officielle soit faite à la société. Je crois pouvoir me rendre ce témoignage, qu'en faisant ainsi, j'ai agi en bon citoyen; mieux encore qu'en bon citoyen, en homme de cœur et de religion.

nité, et, en même temps, ma défense que je puis maintenant résumer tout entière en deux mots :

Je ne puis pas avoir provoqué la révolte d'Avril, PAR LA RAISON QUE J'AVAIS ACCEPTÉ ET PROCLAMÉ LES DOCTRINES DE L'ÉCOLE SOCIÉTAIRE UN AN AVANT AVRIL.

Cette justification franche et décisive me suffira sans doute à vos yeux, Messieurs les Pairs, et je m'en réfère volontiers à elle seule pour attendre votre arrêt. Pourtant, comme l'accusation a cité quelques faits, il convient que je montre ici le degré de crédit qu'on leur doit accorder. Pour toute réfutation des faits de l'accusation, je me contenterai de les mettre en regard de faits avérés, simplement en regard et sans grands commentaires.

<hr />

Suit, dans les exemplaires distribués à MM. les Pairs, la

SECONDE PARTIE,

contenant les faits particuliers. L'accusation reposait toute entière sur une déposition ennemie de l'un des six membres de la commission de surveillance du journal l'Echo de la Fabrique*; ce témoignage est renversé par les témoignages unanimes et cathégoriques des autres membres de la commission et des deux gérans dudit journal.*

Cette partie, toute spéciale et qui n'a qu'un intérêt particulier, est supprimée ici, le mémoire se termine comme il suit :

Ainsi, Messieurs, les faits de l'accusation croulent au simple contact ; je ne doute pas que le parquet lui-même ne le reconnaisse devant vous. Toute l'accusation reposait sur une dénonciation de l'un des six membres de la commission de surveillance, mon ennemi personnel. Ce témoignage est détruit par le témoignage contraire, unanime et catégorique de tous les autres membres de cette commission, et des gérans du journal.

Messieurs les Pairs, j'ai montré à nu la nullité des faits de l'accusation ; j'ai montré que ces erreurs matérielles étaient précédées d'une erreur d'autre nature, qui m'attribuait en 1835 des opinions qui avaient cessé d'être les miennes dès l'année 1834 ; j'ai montré que mes convictions, loin de se nourrir de pensées de révolte, se lient à un besoin d'ordre qui a sa source dans un sentiment social et hautement humanitaire, à un besoin d'ordre supérieur, par conséquent, à celui que peuvent éprouver les hommes du parti qui a pris aujourd'hui l'ordre pour devise, à un besoin d'ordre supérieur enfin, à celui que peuvent sentir les hommes qui ont provoqué mon accusation, et dont la politique étroite, mesquine, écourtée, sans portée aucune et sans générosité, vous a jeté, pour la glorification de ses petites obstinations, ce triste et lourd fardeau qui vous pèse depuis si long-temps, et que vous portez encore aujourd'hui.

J'aurais pu ajouter d'autres moyens à ma cause, Messieurs, et vous dire, par exemple, que les crises lyonnaises compromettaient gravement mes intérêts, qui sont ceux d'une famille entière. Mais, Messieurs, si j'employais ce moyen, la pudeur me prendrait au souvenir des grands désastres et des destructions terribles dont mes concitoyens ont été victimes, dont Lyon, la cité malheureuse ! est encore en deuil aujourd'hui.....

J'en ai dit assez, Messieurs, et quoique je ne sois pas présent à votre Cour, vous ne me traiterez pourtant pas en contumax ordinaire ; car vous savez que ma contumace n'est pas de volonté ; vous avez apprécié les raisons de loyauté et de conscience qui m'ont empêché de prendre au banc des accusés une place que m'indiquaient mes intérêts aussi bien qu'un ardent désir de faire entendre dans les débats de votre Cour une parole qui recèle la paix et le bonheur du monde.

Messieurs les Pairs, vous m'absoudrez ; j'en ai l'entière et ferme conviction ; je mets une confiance pleine en votre loyale justice ; vous m'absoudrez, Messieurs, et en reconnaissant que mes convictions d'avenir préservent de toute tendance aux perturbations sociales, et attachent à l'ordre, vous donnerez une leçon de haute politique qu'il appartient certainement à votre sage assemblée de donner ; car vous aurez consacré en principe :

Que l'action gouvernementale, sous peine d'être jugée inintelligente et incapable du gouvernement des choses sociales, doit avoir d'autres moyens pour établir l'ordre que les baïonnettes des soldats, les prisons des accusateurs, les rigueurs des juges; qu'un gouvernement sage, éclairé et capable, doit fonder l'ordre sur l'emploi utile des activités, sur le mouvement des améliorations; en un mot, qu'il ne doit pas être obligé de résister, mais savoir imprimer impulsion, et emporter les forces inférieures dans l'œuvre de la prospérité générale.

Je suis avec respect,

MESSIEURS LES PAIRS,

Votre très humble et très obéissant serviteur,

RIVIÈRE CADET,

Imprimeur sur étoffes.

27 juillet 1835.

P. S. Si la Cour ne devait pas statuer immédiatement, comme je l'ai cru, sur les contumaces de la catégorie lyonnaise, je lui adresse prière de m'autoriser à rentrer dans ma famille et à reprendre mes occupations trop long-temps suspendues, jusqu'au jour où il lui plaira que je me mette à sa disposition.

3 Août 1835.

P. S. Un crime odieux vient d'être commis. La France est restée consternée. La nature du crime a opéré une révolution subite dans les esprits.

— Si c'était ici, pour nous, le lieu de maudire cet acte infâme, nous n'aurions pas de paroles de malédiction qui pussent rendre l'indignation qu'il a fait bondir dans notre cœur......

Quelque fatal que soit le sanglant désastre, il y a quelque chose de bien autrement fatal que le fait en lui-même : *c'est que ce fait est* UN CARACTÈRE, UN SYMPTÔME......

Il y a des voix sages et des intelligences élevées qui, depuis long-temps et sans relâche, proclament que la société est arrivée à un point où elle enfante le mal avec une hideuse et terrible énergie. — A chaque crise qui surgit, à chaque plaie qui nous frappe, tous le reconnaissent et le constatent ; la terreur se propage ; on sent le mal, on'palpe le danger ; on s'écrie *qu'il faut un remède !*

Eh bien !—et c'est une chose profondément triste et fatale,—à peine le calme rétabli par une prompte réaction RÉPRESSIVE, tout est oublié !..... la peur se dissipe, l'opinion se calme, l'esprit s'endort ; tout est oublié..... jusqu'à ce qu'une explosion plus forte, plus inopinée, plus terrible, vienne éclater de nouveau, réveiller les terreurs et rouvrir les yeux !

Et l'on ne descend pas à la source profonde des choses ! et l'on ne veut pas sonder le mal en ses racines souterraines ! et l'on s'obstine dans les routes étroites et sans horizon des résistances !...

« *Il y a quelque chose de pire que le crime même que nous détestons,* » *quelque chose qui ajoute, à l'atrocité de ce crime, l'atrocité de ses con-* » *séquences probables ; c'est l'état des esprits. Voilà où il faut porter* » *remède.....* »

VOILA OU IL FAUT PORTER REMÈDE ! C'est l'organe le plus influent du pouvoir qui pousse ce cri parti des entrailles..... et pourtant, — avec des déclamations vaines et stériles, — on dit que ce sont des RÉPRESSIONS que l'on prépare ; on dit que l'on arme en guerre, que l'on active dans les arsenaux la fabrication des machines de Résistance : on parle d'entraves à la presse, de réactions, de rigueurs..... Messieurs ! nous avons exprimé bien franchement, dans ce Mémoire, notre opinion sur l'action malheureuse des guerres de la presse et des partis ; — et nous n'avons pas un mot à effacer, car nos doctrines sont trop haut placées pour changer avec les circonstances ; — nous avons exprimé franchement notre opinion, Messieurs ; et maintenant, si vous avez trouvé nos paroles empreintes d'une raison élevée, d'une intelligence des choses, d'un profond sentiment social et humanitaire ; si parmi toutes les voix qui éclatent dans le chaos, notre voix vous paraît grave et de bon conseil au monde, ah ! Messieurs, laissez-la, cette voix, qui n'est plus maintenant la voix de l'accusé, mais la voix de l'apôtre ;—laissez-la proclamer maintenant à la solennité de votre Cour, et plus haut qu'elle ne l'a fait encore,— que la tâche de l'intelligence directrice est à *prévenir le mal*, et qu'un système de pure *Répression*, — qu'il s'exprime par des faits ou par des lois, — n'est toujours que l'appel de l'intelligence impuissante à la force brutale.

Messieurs, la répression tend les ressorts... Messieurs ! le mal est dans les idées, dans les passions des partis, dans l'anarchie morale ; mais il est, avant tout, dans les choses ; il y a des causes à l'anarchie des idées ; il y a des causes aux fureurs des partis; il y a des causes au désordre moral... C'est le chaos où les élémens se combattent en des luttes furieuses; l'action suprême consiste à combiner ces élémens pour en faire un Monde... On éternisera les Résistances en éternisant les luttes. Messieurs! le pouvoir social devient comptable du mal et l'engendre lui-même, s'il ne fait pas usage de sa haute action pour prévenir le mal DANS SES CAUSES et créer le bien DANS SES CAUSES. — Qui provoquerait l'anarchie? qui se révolterait? qui assassinerait? et qui se vengerait par le pouvoir ou par la loi, — car la loi est quelquefois une vengeance — si la société était combinée pour la prospérité et le bonheur de tous? qui déchirerait le sein de la société, si la société était pour tous une bonne mère?

Messieurs les Pairs! Messieurs les Pairs!—ce n'est plus l'accusé qui parle, c'est l'apôtre.... —il y a *une haute et souveraine impulsion* à donner aux esprits et aux choses, et non à s'engager, yeux fermés et têtes baissées, dans la route obscure des *Répressions* et des *Résistances;* il n'y a pas à se butter contre les effets, à combatte obstinément les effets... Messieurs! il faut passionner les masses intelligentes et actives pour un but utile, et les emporter d'une main puissante dans le grand courant de la prospérité et de l'avenir... La route est là, belle, large et lumineuse, et la voix qui appelle les intelligences et crie la *bonne nouvelle*, est là aussi, forte et infatigable... Messieurs! malheur à qui se fera sourd pour ne pas entendre! Malheur à qui se fera aveugle pour ne pas voir! Malheur! Messieurs les Pairs, malheur sur eux et sur la France, et sur tous si l'on s'enfonce dans les voies du passé, car les temps sont critiques, car la crise européenne serait terrible, et l'avenir du monde inconnu....

Messieurs, songez-y... la France a frémi à une fatale nouvelle... si l'on s'obstine aux aveugles Répressions... si l'on n'absorbe pas les haines et les fanatismes dans un mouvement d'ordre supérieur, Messieurs, ceux-là en porteront la responsabilité sur leur tête, qui auront eu la haute direction des choses... Songez-y, Messieurs! quand, à la sécurité trompeuse des moyens de Compression, la France dormira, confiante dans la force armée, la loi répressive et la police, il se pourra qu'elle se réveille un jour à une explosion bien autrement lugubre... à une explosion fatale, et que n'aura pas PRÉVENUE la *loi répressive...*

Messieurs les Pairs! puissent la sagesse royale et votre haute action modératrice détourner les malheurs qui pourraient menacer la France!...

NOTE.

PUBLICATIONS DE L'ÉCOLE SOCIÉTAIRE.

CHARLES FOURIER·

THÉORIES DES QUATRE MOUVEMENS.—1808.—Un vol. in-8°. *Epuisé.*

C'est le début de l'homme: un ouvrage dans lequel il a jeté, avec tout le feu de la jeunesse et toute la fierté d'un hardi génie, les merveilles de la poésie de l'avenir; c'est un brillant prospectus de la découverte de laquelle sa tête était encore en création alors. Les parties de critique dirigées sur les vices de la société actuelle y sont traitées avec une incroyable vigueur de pensée et de style. Cet ouvrage, rempli de morceaux de la plus haute éloquence, était resté en magasin depuis 1808 jusqu'à 1832 ; mais l'édition a été enlevée dans ces derniers temps. On en prépare une nouvelle, augmentée de notes de l'auteur. — Les personnes qui se seront fait inscrire comme souscripteurs auront cet ouvrage à 4 fr.

TRAITÉ DE L'ASSOCIATION DOMESTIQUE AGRICOLE.—1822.—Deux très forts volumes in-8°, compactes, 12 fr.

C'est le grand ouvrage dans lequel Fourier a déposé toute la science qu'il ait jusqu'ici donnée, c'est la source générale, l'Evangile de l'Ecole sociétaire; c'est le livre indispensable à quiconque veut étudier à fond les théories de cette Ecole. C'est aussi de 1832 seulement que date l'écoulement de cet ouvrage, dont l'édition ne tardera pas à être épuisée.

SOMMAIRE DU TRAITÉ DE L'ASSOCIATION.—1823.—Brochure in-8°, dont la portée ne peut généralement être comprise qu'après l'étude de l'ouvrage précédent qu'elle accompagne. 1 fr.

LE NOUVEAU MONDE INDUSTRIEL ET SOCIÉTAIRE.—1829. — Un fort vol. in-8°, 6 fr.

C'est l'exposé méthodique et bien scientifiquement conduit de la partie sociale, traitée avec plus de développemens dans le grand traité. Le caractère qui distingue cet ouvrage parmi les autres du même auteur, c'est la netteté d'exposition et la précision vraiment algébrique de la méthode et du style, toujours si remarquable et si tranché d'ailleurs dans toutes ses productions.

LA FAUSSE INDUSTRIE. 1 vol. grand in-12 , 5 fr.

Ce dernier ouvrage est sous presse, et va paraître dans la première quinzaine d'août. Nous savons que l'auteur s'y est proposé surtout de démontrer, par la nature des plus récentes circonstances, l'urgence de faire un essai sociétaire réduit à un bas degré et rendu facile, par cette réduction, au gouvernement ou à un capitaliste.

JUST MUIRON,

Secrétaire de la préfecture de Besançon.

VICES DE NOS PROCÉDÉS INDUSTRIELS.—1824.—Br. in-8° (176 pag.). 3 fr.

« Cet interprète du traité de l'Association, prenant de la doctrine de l'inventeur la partie
» la plus importante et la plus immédiatement utile, en a réuni les points princi-
» paux dans un ordre régulier et méthodique, où les accessoires ne suspendent point la
» marche des idées, où la discussion se montre toujours modérée et décente, où la
» passion du bien ne dégénère point en manie exclusive, ni la conviction en esprit de
» parti, où la franchise enfin ne se confond pas avec la rudesse, ni le zèle avec l'amer-
» tume; son style grave et concis a la couleur du sujet et le degré d'élévation qu'il
» comporte; en sorte que l'on peut dire que M. Muiron a fait, sur le même fond
» d'idées que M. Fourier, un ouvrage nouveau capable d'intéresser ceux mêmes qui,
» après l'avoir lu, persisteraient à ne voir dans la théorie de l'inventeur qu'une utopie
» impraticable. »

(*Extrait du rapport fait à l'académie de Besançon, sur cet ouvrage, par
M. Genisset, secrétaire perpétuel.*)

Ajoutons à cette appréciation du rapport, que l'ouvrage contient un projet détaillé et justifié de statuts pour l'organisation d'un *Comptoir communal.*

TRANSACTIONS SOCIALES, RELIGIEUSES ET SCIENTIFIQUES, DE VIR-
TUMMUS.—1832.— 1 vol. in-8°, 3 fr.

Cet ouvrage du plus ancien disciple de Fourier, est consacré aux grandes questions théosophiques qui ont pour but Dieu, l'Homme et l'Univers. Après une belle exposition du problème de la Destinée de l'Homme, l'auteur étudie les déviations de l'humanité, et les poursuit dans leurs trois grandes manifestations, sous les désignations suivantes :

DÉVIATION DE L'HOMME.

RELIGION *de mystères et de rigueur;*

SCIENCE *incertaine et confuse ;*

LOI *de Contrainte.*

Et voici les sujets du second volume de ce travail de haut titre (l'auteur s'en occupe actuellement) :

Loi *d'Attraction;*
Science *lumineuse et certaine ;*
Religion *de joie et d'évidence ;*
Réintégration de l'homme.

A. TRANSON,

Ingénieur des mines, ancien élève de l'Ecole polytechnique.

THÉORIE SOCIÉTAIRE DE CH. FOURIER.—1832.

Elégant et court résumé de l'idée de Fourier (publié dans la *Revue Encyclopedique*). *Epuisé.*

C. PELLARIN,

Chirurgien de la marine.

DE LA MÉDECINE DANS L'ORDRE SOCIÉTAIRE. *Epuisé.*

A. MAURIZE.

DANGER DE LA SITUATION ACTUELLE DE LA FRANCE. — 1833. — 1 vol. in-8°. *Epuisé.*

Cet ouvrage, écrit avec beaucoup de clarté, de sagesse, et une simplicité facile et gracieuse, a pour but d'apprécier la gravité des circonstances sociales produites par la destruction du système féodal sur lequel la société était assise. Il démontre que le mouvement philosophique et libéral n'ayant abouti qu'à une destruction, et ne contenant en soi aucun principe de socialisation, il faut demander à un élément supérieur le remplacement de la base féodale, et fonder enfin l'association de tous les élémens de l'activité humanitaire. Cet ouvrage, adressé aux hommes sincères de tous les partis, contient des critiques fort remarquables de notre mécanisme *commercial*, et des étranges théories d'économie politique et de libre concurrence, importées d'Angleterre et mises en vogue par le libéralisme.

J. LECHEVALIER.

ETUDES SUR LA SCIENCE SOCIALE. —1832-1834.—1 vol. in-8°, 8 fr.

Ce livre, écrit avec la verve spirituelle que l'on connaît à son auteur, est un duel entre les doctrines saint-simoniennes et les solutions de l'Ecole sociétaire. Les principes de cette dernière école y sont spécialement développés sous leur aspect métaphysique. Cette exposition est suivie d'un programme fort remarquable, adressé par l'auteur au ministre de l'instruction publique, pour appuyer sa candidature à la chaire d'économie politique du collége de France.

LEMOYNE,

Ingénieur des ponts-et-chaussées, ancien élève de l'École polytechnique.

ASSOCIATION PAR PHALANGE.—1832.— Br. in-8°. Résumé didactique et très condensé de la théorie sociétaire. 1 fr.

PROGRÈS ET ASSOCIATION, par le même (*sous presse*), 2 vol. in-8°, qui contiendront, sur les matières actuellement étudiées de la grande économie industrielle, des travaux dont les connaissances particulières et la position spéciale de l'auteur garantissent assez la valeur.

BERBRUGGER,

Secrétaire du maréchal Clausel.

CONFÉRENCES SUR LA THÉORIE SOCIÉTAIRE.—1834.—Br. in-8°.

Publication d'un cours fait à Lyon devant un brillant auditoire, et qui fut écouté avec un intérêt qui n'avait pas son unique source dans la belle facilité et la spirituelle élocution de l'auteur.

BAUDET-DULARY,

Docteur en médecine, ex-Député du département de Seine-et-Oise.

CRISE SOCIALE.—1834.— Br. in-8°, 1 fr.

C'est l'opuscule d'un des hommes qui ont montré le plus de dévouement à l'Idée sociétaire ; une critique générale, écrite en style pur, lucide et élégant, de l'état industriel de notre société. Il est à regretter que la partie expositive y soit traitée trop brièvement.

MADAME CLARISSE VIGOUREUX.

PAROLE DE PROVIDENCE.—1834.— In-8°, de luxe, très élégant ; 3 fr.

L'œuvre d'une femme chez qui la pensée forte et profonde trouve à son service un talent élevé. C'est vraiment merveille de voir comment une femme abat sous les coups de sa logique puissante les sonores vacuités qui ont si follement passionné tant d'esprits en Europe. *Parole de Providence*, au reste, n'est pas une réfutation des *Paroles d'un Croyant* : ce dernier ouvrage, considéré comme type des aberrations politiques et sociales du temps, a servi seulement de texte à l'auteur pour développer une belle expression, savante et religieuse, du dogme phalanstérien, et pour rappeler à la question les intelligences en déviation. « *Qu'est-ce*

»que cette intelligence vagabonde, qui ne sait pas reconnaître sa tâche, et qui court »au hasard comme la cendre stérile emportée par les vents?» L'auteur ne se borne pas d'ailleurs à une simple critique : les questions sont posées dans ce livre avec une force de raison qui ne perd rien à la pureté de la forme et à la poésie de l'expression.

V. CONSIDERANT,

Capitaine du génie, ancien élève de l'Ecole polytechnique.

DESTINÉE SOCIALE.—1835.— 2 forts volumes in-8°, très belle édition, gravures ; 16 fr.

Ce bel ouvrage, dont on achève en ce moment l'impression, a été écrit dans le but de donner enfin à l'Ecole sociétaire le livre qui lui manquait, une exposition claire, précise, attrayante et adaptée aux exigences littéraires et typographiques de l'époque. De l'aveu de tous les lecteurs du premier volume (que l'auteur ne livrera tout-à-fait au public qu'avec le second), Considerant a brillamment rempli sa tâche ; son style chaud, passionné, plein de couleur et de mouvement, emporte le lecteur de page en page jusqu'à la dernière. On peut bien trouver quelquefois la critique de Considerant tant soit peu acerbe et ses incrépations contre nos misères et les erreurs qui les perpétuent quelque peu brutales ; mais on lui pardonne les allures franches et les rudes formules de ses malédictions, car c'est dans un haut sentiment d'ordre et d'humanité qu'elles prennent leur origine. La science sociétaire a été rendue tellement claire et facile dans ce livre, que toute intelligence peut l'y puiser complète ; la rigueur des démonstrations et leur enchaînement méthodique, dus aux habitudes polytechniques de l'auteur, forment, avec la vigueur du style, les qualités distinctives de cette exposition, où sont traitées d'ailleurs la plupart des questions en cause aujourd'hui dans le public.

Cet ouvrage sera dédié au Roi.

CONSIDÉRATIONS SOCIALES SUR L'ARCHITECTONIQUE, par le même. — 1835. — Br. in-8, gravure, 2 fr. 50 c.

Cette brochure renferme deux parties : la première contient un développement limpide du théorème fondamental de la Destinée humaine ; la seconde, extraite de l'ouvrage précédent, est une étude des corrélations de l'architecture avec la forme sociale, et un examen des conditions du problème fondamental de l'architecture. Les artistes ont fait à cette brochure l'accueil le plus flatteur.

VILLEGARDELLE.

BESOINS DES COMMUNES ; IMPUISSANCE DE LA POLITIQUE A LES SATISFAIRE, 50 c.

Ce petit écrit est une lettre adressée par l'auteur à ses compatriotes du Lot-et-

Garonne et de la Gironde pour les désabuser de la politique et leur indiquer les voies réelles de la prospérité des communes, et par conséquent du pays. Cet opuscule, écrit à la manière de Franklin, est plein de finesse et de grâce. C'est un des écrits que le gouvernement devrait tirer à cent mille exemplaires et répandre dans les communes de France. Le bien qui résulterait de cette publicité est incalculable.

X. CHAMBELLANT.

AUX REPUBLICAINS, opuscule, sous presse.

Chaude allocution adressée par un des hommes ardens et dévoués du parti républicain à ses anciens amis, pour les désabuser de leurs théories incertaines et dangereuses, et les appeler sur le terrain des améliorations réelles. Chambellant est un homme que les républicains voyaient naguère dans leurs rangs, et dont ils ont apprécié l'intelligence, le caractère et l'énergie. L'adhésion d'un homme pareil aux doctrines sociétaires ne saurait être un fait sans valeur que pour les hommes tout-à-fait bornés du parti.

S.-R. SCHNEIDER.

Das problem der Zeit und dessen Lösung durch die Association.

Problème du temps et sa solution par l'Association. Gotha, chez Henning et Hops.

Cet ouvrage est consacré surtout à l'examen des avantages matériels de la théorie sociétaire. Il ne sera pas long-temps le seul écrit phalanstérien allemand.

La Réforme industrielle, ou le Phalanstère,

Journal fondé en juin 1832, par FOURIER, Muiron, Considerant, Lechevalier, Transon, et l'auteur de *Parole de Providence.*—1832-33.—2 vol. gr. in-4°, 30 fr.

Lorsque parut ce journal, le Saint-Simonisme, après avoir jeté un vif éclat dû aux talens et au zèle ardent des jeunes hommes d'élite qu'il avait groupés, ainsi qu'au misérable état d'une société vulnérable par tous les points, subissait en tombant le résultat de la fausseté de son principe, — fausseté rendue manifeste alors aux yeux les moins clairvoyans par les dernières conséquences aux-

- quelles il avait logiquement abouti. Cette tentative ignorante de réforme sociale, dont les moyens étaient l'abolition de l'héritage, la destruction de la liberté et de l'individualité, l'absorption de toute puissance et de toute volonté humaines par la *loi vivante*, enfin la *main-morte universelle* établie au profit d'un sacerdoce d'*Hommes-Dieu*, avait eu un résultat funeste, celui de discréditer *toute œuvre de réforme* aux yeux du public, et de compromettre surtout le mot d'ASSOCIATION, duquel le Saint-Simonisme avait, très malheureusement, couvert ses étranges et vraiment monstrueuses aberrations.

La marche du journal de l'École sociétaire était tracée et commandée par ces circonstances. Il fallait qu'il fût sobre de paroles ambitieuses, de proclamations sociales, d'appels à l'humanité; il fallait qu'il fût rationnel, démonstrateur, qu'il procédât la logique et le calcul à la main, et développât surtout la face matérielle de l'Association, qui d'ailleurs est la face de base et sans l'établissement de laquelle l'Association ne sera jamais qu'un mot incompris.

L'influence de la *Réforme industrielle* fut prompte sur la *presse départementale*, plus désireuse des améliorations réelles que des remaniemens politiques. C'est par l'action de ce journal et par le concours de cette presse que l'École sociétaire fut NOMMÉE en France.

Quand fut développée la question des *intérêts matériels* et sa valeur sociale démontrée à évidence, la tâche de la *Réforme industrielle* était remplie, son cercle parcouru. Elle cessa de paraître pour faire place à une publicité d'un autre ordre dont les moyens furent dès lors préparés. Cette nouvelle ère de propagation de l'idée sociétaire, commencée par la publication de PAROLE DE PROVIDENCE, et de DESTINÉE SOCIALE, va se poursuivre dans la publication toute prochaine du journal LA PHALANGE.

La *Réforme industrielle* est un grand recueil de travaux fort remarquables, à la rédaction duquel les fondateurs nommés plus haut n'ont pas seuls concouru. On doit citer Ch. Pellarin surtout parmi ceux qui plus tard ont coopéré à cette œuvre.

On pourra s'étonner peut-être que nous ayons des éloges pour tous les ouvrages avoués par l'*École sociétaire*, dont nous venons de donner la liste. A cela nous répondrons que nous avons fait une appréciation juste, et qu'effectivement les hommes que nous avons nommés et qui se sont consacrés au dur et laborieux apostolat encore inachevé de la doctrine sociétaire, sont des hommes éminens par la raison, le cœur et le talent. Chacun est à même de le vérifier par leurs œuvres.

La Phalange,

JOURNAL DE LA SCIENCE SOCIALE; POLITIQUE ET LITTÉRAIRE,

Format in-4°, paraissant les mercredis et samedis.

Prix : pour l'année. 36 fr.
          six mois. 19
          trois mois. 10

Ce journal paraîtra prochainement. Ses formes seront celles de l'*ancien Globe*. Il fera, à son point de vue d'ASSOCIATION, sur la politique, la science, la litté-rature, ce que faisait l'ancien *Globe* à son point de vue d'ÉCLECTISME.

L'*École sociétaire*, qui se fait fort de démontrer l'incompétence de la *Politique* proprement dite, dans l'œuvre de Réforme que les besoins de notre époque réclament plus urgemment que jamais, ne perdra pas une occasion de prouver la pauvreté de nos débats, et le peu de portée de ces querelles dont le dan-ger d'ailleurs n'est que trop malheureusement prouvé à la France. La PHALANGE se montrera donc ardente à déconsidérer la politique et ses luttes, et à faire comprendre au pays que ses vrais intérêts ne sont pas à ces questions stériles, qui ne servent en réalité que des intérêts d'intrigue, et surtout le furieux mercantilisme de la presse politique. Ce n'est pas d'ailleurs par de niaises pré-dications d'ordre public, par des lieux communs sur les avantages de l'union, de ridicules et flasques sentimentalités morales sottement répétées sans succès depuis des siècles, qu'elle prétend remplacer les vanités politiques. Elle prétend les remplacer par des discussions sur les MOYENS *véritables*, *articulés* et *positifs* de la prospérité des États et du bonheur des peuples.

Elle poursuivra avec d'impitoyables *qu'est-ce que cela veut dire?* *qu'est-ce que cela prouve?* toutes les grandes phrases ambitieuses que nos philosophes et nos po-litiques du jour jettent comme un somptueux manteau sur leur profonde igno-rance des choses sociales. Elle aura pour amis tous les intérêts, tous les besoins sociaux et tous les nobles sentimens natifs du cœur de l'homme, dont elle veut la pleine satisfaction et l'entier développement; elle aura pour ennemis tous les sophismes et tous les sophistes, les élucubrations vaines, les erreurs, les men-songes, et leur fera bonne et rude guerre, sous quelque drapeau, littéraire, politique ou social, qu'ils soient rangés d'ailleurs.

Les forces que l'École sociétaire vient d'acquérir par deux années de silencieux

travaux, et les belles conquêtes qu'elle a faites (quoique les noms des princes de
la politique, de la littérature et de la philosophie, ne se lisent pas dans la liste
de ses conquêtes), ne permettent pas de douter de la portée des travaux que
contiendra la *Phalange*. La malveillance philosophique et politique ne pourra
pas cette fois étouffer les belles voix d'avenir qui viendront, en style jeune,
brillant et passionné, y développer des pensées de science, de raison, d'ordre et
de bonne influence.

La *Phalange* discutera les faits généraux qui se produiront dans le domaine de la
Politique, sans jamais tomber dans le clapier quotidien.

Elle suivra tous les développemens sérieux qui se feront autour d'elle, et rendra
compte, en les jugeant, des ouvrages et des cours publics qui auront quelque
valeur, et se rattacheront d'une manière quelconque au *mouvement social* et aux
pensées de Réforme.

Elle donnera beaucoup à la *critique littéraire*, parce que cette critique sera pour
elle un puissant moyen d'enseignement, et que cette critique n'est faite nulle
part ailleurs encore.

Elle fournira sur la *science générale* des travaux démontrant la nécessité d'en
élargir les bases, et de sortir des voies étroites et vraiment misérables où l'a
engagée la réaction, très juste à son origine et à son principe, de l'*école expéri-
mentaliste moderne* contre l'*esprit systématique ancien*. En un mot, elle montrera
que la science doit s'élever aujourd'hui à la question de la *finalité des êtres* et de
l'unité harmonique de l'Univers.

Elle fera voir que toute fin de non-recevoir apportée par les notabilités scientifiques actuelles sur ces hautes questions, ne serait pas autre chose qu'une manifestation d'ignorance et d'impuissance, et le clair symptôme de décadence
d'une école incomplète, vieillie, qui doit être bientôt absorbée dans une conception large et complète.

Du reste, les hommes qui traiteront ces faits des régions les plus élevées de la
science ne sont pas des rêveurs ignorans, mettant seulement leur imagination à
la place de la science : ce sont des hommes au courant des choses, nourris aux
fortes études mathématiques et naturalogiques, sortis des Ecoles polytechniques,
des Ecoles d'application civiles et militaires, des Facultés de médecine, etc., et
dont la compétence scientifique ne peut pas faire l'objet d'un doute.

Enfin, le système de propagation de l'*École sociétaire* convergera sur un *essai* dont
elle déterminera la fondation, aussitôt que la nécessité en aura été assez comprise
pour assurer les moyens d'une réalisation expérimentale réduite à sa plus simple
et plus facile expression.

La *Phalange* se réserve de pousser sa publicité jusqu'à trois fois la semaine;
après quoi, quand la consommation de l'heureuse *pensée sociétaire* sera devenue
un plus grand besoin pour l'opinion publique mieux enseignée, elle s'adjoindra

une *Revue* où seront déposés des travaux de plus longue haleine. L'école sociétaire ne tombera pas dans le *quotidien* (1).

(1) La publicité de cette Ecole ne deviendra pas *quotidienne* avant que la réalisation de la doctrine sociétaire n'amène des *faits sociétaires quotidiens*.

Pour tout ce qui concerne les publications, livres, journaux, souscriptions et abonnemens ci-dessus,

S'ADRESSER (*franco*)

AU DÉPOT CENTRAL DES PUBLICATIONS DE L'ÉCOLE SOCIÉTAIRE,

rue Jacob, n. 22, bureau de la Phalange,

A PARIS.

On reçoit dès maintenant les noms des souscripteurs à la nouvelle édition de la THÉORIE DES QUATRE MOU-VEMENS.

La souscription à DESTINÉE SOCIALE sera ouverte jusqu'au 15 septembre: les personnes qui se seront inscrites pourront retirer l'ouvrage au prix de 12 fr., au dépôt central.

Imprimerie de BOURGOGNE et MARTINET, rue du Colombier, n° 30.

www.ingramcontent.com/pod-product-compliance
Lightning Source LLC
Chambersburg PA
CBHW060451210326
41520CB00015B/3909